AF229318

UN
DERNIER MOT

AU BORD DE L'ABIME

OU

TRÈS-HUMBLE ET TRÈS-RESPECTUEUSE NOTE

SOUMISE

A Son Exc. le Maréchal de MAC-MAHON

CHEF DU POUVOIR EXÉCUTIF

Faisant suite à : Lettre d'un Électeur, — Novembre 1872; — La Question Capitale, — Novembre 1873; — Et Le Grand Pétitionnement Monarchique, — du mois de mai 1874.

CARPENTRAS

IMPRIMERIE P. PRIÈRE, RUE DUPLESSIS, 13.

1875

UN DERNIER MOT AU BORD DE L'ABIME

ou

TRÈS-HUMBLE ET TRÈS-RESPECTUEUSE NOTE

soumise

A Son Excellence le Maréchal DE MAC-MAHON, duc de Magenta

Chef du Pouvoir exécutif.

Par un Français

*Qui veut rester digne de ce nom et qu'aucune timidité n'em-
péchera jamais de dire et de soutenir* une Vérité *qu'il croit
très-fermement être essentielle et décisive pour le salut de
sa patrie, — par un homme qui, de ses deux yeux, grands
ouverts, apercevant l'incendie, ne peut se résigner à dormir
et à ne point crier* au feu.

〜〜〜〜〜〜〜

I

Cette vérité, qu'il faudrait, à l'heure de suprême an-
goisse où nous sommes, proclamer sur les toits, répéter
à tout propos, à tout venant, et dont (chose étrange!) les
hommes d'Etat qui nous gouvernent ont l'air de ne point
se douter ou se soucier le moins du monde, — cette vérité,
— pourtant non moins capitale qu'élémentaire, — la
voici :

Il faut tenir pour certain qu'il y a pour un peuple,
comme pour un individu, — fût-il le moindre de la créa-
tion, — une loi vitale, providentiellement nécessaire, que

l'être, collectif ou individuel, — le premier surtout, — ne saurait abandonner ou méconnaître, sans dépérir aussitôt et tendre sans cesse à une ruine et à une destruction plus ou moins prochaines.

II

Une pareille loi, qu'un peuple nomme sa CONSTITUTION, on peut et on doit l'améliorer, suivant le progrès et le besoin du temps ; mais c'est un crime, une sorte de *péché contre nature* que de la changer.

C'est surtout un attentat sans nom que de s'obstiner à rejeter cette loi constitutive ou à demeurer en dehors d'elle, lorsque, par les épreuves les plus multipliées, les plus douloureuses et les plus décisives, la divine Providence a daigné démontrer à ce peuple la gravité de la faute commise par un tel changement,— lorsque l'ennemi lui-même (oui, l'ennemi lui-même !) est venu lui apporter cette démonstration ou ce témoignage... atroces événements de 1870-1871,— Révélations du procès d'Arnim...!

III

Ne craignons pas de le dire haut et ferme : non, aucune illusion n'est plus possible, et il y a longtemps déjà que l'*essai* a cessé d'être *loyal*, de la part de ceux qui, *bon gré, mal gré,* et à la grande satisfaction du Prussien, prétendent écarter le Roi et nous maintenir dans ce lamentable *statu quo* du provisoire, qui n'est et ne peut être, en dépit des meilleures intentions du monde, qu'une sorte de *serre chaude* dans laquelle germeront, se développeront et se fortifieront à l'aise les passions politiques les plus malsaines et les plus funestes...

Disons encore qu'une pareille situation, si agréable à notre implacable ennemi, — dont il a déjà retiré tant de profits et qui pèse comme un lourd fardeau sur la conscience publique, — est non-seulement humiliante et honteuse, mais encore qu'elle n'a que trop les *apparences* d'une certaine immoralité : et c'est pourquoi, soit qu'il parle du gouvernement ou de l'Assemblée, où il y a pourtant de si nobles cœurs, le peuple dit partout (il est vrai *bien à tort,* malgré les apparences !) : « Ils sont bien là — « haut, et ils tiennent à y rester ; — que leur importent « maintenant les douleurs et les humiliations de la « patrie !... »

Qui pourra dire combien est abondante, autant que néfaste et désastreuse, la source de troubles profonds et de démoralisation dans les consciences, procédant, au sein des masses, d'un semblable état de choses !

IV

Ah ! vous avez beau, par exemple, travailler, avec une ardeur digne d'un meilleur sort, à refaire l'outillage de l'armée et à perfectionner sa manœuvre ! tous ces nobles efforts, — même avec l'aumônerie militaire, si heureusement rétablie, mais dont on continuera à sourire, dans les rangs, et même dans l'état-major, tant que nous en serons là —, tous ces grands efforts ne donneront point au soldat, tant qu'il en sera ainsi, cette trempe de l'âme et du cœur qui, seule, avec l'aide du Tout-Puissant, assurera la victoire ! — cette trempe des caractères que, seules, des institutions stables, profondément enracinées dans tout un passé glorieux, essentiellement, vraiment nationales, et surtout franchement chrétiennes, peuvent produire dans une grande et antique nation comme la nôtre : dans une nation qui avait sa *voie droite*, tracée de la main de Dieu même à travers les siècles, et qui n'a pu la quitter impunément et sans crime, pour se jeter, en insensée, dans celle de la révolution, — c'est-à-dire dans le chemin de tous les abîmes et de toutes les décadences, morales et matérielles !

Faut-il le redire, pour la millième fois, — assis encore au milieu des ruines de toute sorte qu'elle a entassées autour de nous ?... la Révolution, qu'elle soit en haillons ou en habits brodés, n'est et ne pourra être jamais autre chose que l'antichristianisme, ou soit un état de guerre, permanent et systématique, contre Dieu et son Eglise : c'est le contraire du vrai génie de la France et de sa providentielle mission dans le monde.

V

Et c'est pourquoi, la République, née de la Révolution, et qui en est, chez nous, l'expression ou la forme officielle, n'est-elle point une appellation vraiment coupable, — une sorte d'audacieux défi, porté à la suprême

Justice, — le titre criminel d'une lamentable apostasie, et ne pouvant que maintenir sur nos têtes les plus formidables malédictions ?...

Or, il est écrit : « *Nisi Dominus œdificaverit domum,* « *in vanum laboraverunt qui œdificant eam.... Nisi* « *Dominus custodierit civitatem, frustrà vigilat qui* « *custodit eam* », et toute l'habileté de la secte maçonnique ne pourra jamais rien contre la divine sentence !

Si donc, par la loi du 20 novembre, on a réellement entendu établir un obstacle au retour de notre Nation, — si malheureuse, si humiliée pour l'avoir délaissée —, dans sa *voie droite*, qui n'est autre chose que sa vraie et naturelle CONSTITUTION, — telle qu'elle a été, sur l'initiative royale, constatée, reconnue et proclamée UNANIMEMENT par les Etats-généraux de 1789, lors du dépouilement des cahiers, — il faut avouer, il faut affirmer devant Dieu, qui jugera sévèrement de tels actes, que l'on a commis, ce jour-là, bien plus qu'une faute ! ! !....

VI

Aux hommes, en tous cas, qui l'ont commise, le soin très-urgent, le très-impérieux devoir de la réparer *promptement,* s'ils ont à cœur d'éviter au pays de nouvelles et suprêmes catastrophes, et à eux-mêmes le poids d'une responsabilité bien capable de les perdre devant la divine justice et de les déshonorer dans l'histoire !

O gens du Centre droit ! vous seriez à ce point inféodés à l'esprit révolutionnaire ou antichrétien (car ces deux termes sont très-certainement synonymes !) que vous

vous obstineriez à tenir le Roi en suspicion, à écarter le Roi, tout en étant bien convaincus, comme vous l'étiez en octobre 1873, que LUI SEUL peut nous sauver !!! oui, vous tenez pour certain, au fond de vos entrailles, que, LUI SEUL, il est cette tête naturelle, unique et dix fois séculaire, qui manque à ce grand corps social qui s'appelle la France ; cette tête, qui, SEULE, est appelée à reconstituer et à sauver la patrie expirante !

Sans cette tête, en effet, y a-t-il une PATRIE (1), — et devenons-nous autre chose qu'un amas d'hommes sans nom , — une famille d'enfants dénaturés et maudits qui renieraient leur père, — autre chose qu'un tronc mutilé, séparé de son chef?... Sans cette tête, si parfaitement avouable, morale et digne, et qu'aucune autre ne saurait remplacer, que va faire le soldat, avec ses armes, avec tout cet appareil qui l'accompagne, et que lui dit son âme, frémissante à la pensée qu'il pourra être tout à coup tristement, honteusement condamné à exécuter le commandement de quelque scélérat ! — vons l'avez vu naguère !...

Eh quoi ? vous verriez très-clairement, vous sentiriez cela de plus en plus, et vous hésiteriez et vous refuseriez toujours de revenir au Roi, dont le prompt retour, — INÉVITABLE, quoi que vous disiez, quoi que vous fassiez, avec toutes vos tristes habiletés, — NÉCESSAIRE, sous peine de périr comme nation, — peut seul, non-seulement vous absoudre, mais encore vous glorifier devant la postérité !

Ah ! s'il en était ainsi, — si vous étiez à ce point *endiablés de révolution*, l'ennemi serait content de vous, à coup sûr : il vous le dit lui-même ; mais la France, que vous auriez achevé d'entraîner au fond des abîmes de la dissolution et du déshonneur, vous maudirait à jamais !!!

____

(1) La patrie, *patria*, dont l'étymologie ou la raison d'être n'est autre que *pater*, le père, le chef, naturel, légitime, unique !

A ce point de vue, si éminemment juste et vrai, vous tous qui, résolus à fermer la porte au Roi, ne fût-ce que pour cinq ou six ans, vous dites *consérvateurs,* vous ne *conservez* que les abaissements de la patrie et tous les éléments de sa ruine la plus certaine !... Aussi, voyez déjà venir à grands pas une des plus inévitables conséquences d'une pareille *conservation :* l'Empire, encore accablé naguère de votre juste réprobation, et nous apportant maintenant avec audace la certitude de nouvelles épreuves ainsi que de nouveaux et suprêmes démembrements. ...

VII

Et que dites-vous donc, que prétextez-vous donc pour vous poser ainsi en obstacle au salut de tout un — grand peuple, — pour vous faire ainsi (à votre insu sans doute, disons-le encore !) les auxiliaires de l'ennemi ?

Certains prétendent que vous redoutez que le Roi ne revienne avec le cortège de tout ce que l'*ancien régime* a eu de vraiment mauvais,— de tout ce qu'on pourrait nommer les *puanteurs,* telles que les idées de caste, de privilége, d'infatuation et de dédain, à l'encontre de tout homme, qui, à défaut de titres et de blasons, — souvent plus ou moins contestables, plus ou moins restés purs à travers les vicissitudes du temps, — n'aurait pour lui que le témoignage de son mérite personnel joint à une tradition de famille de la plus parfaite comme de la plus constante honorabilité... Mais non, pareille crainte ne saurait être sérieuse de votre part ! Car vous savez bien

que les mœurs publiques ou soit les idées modernes, surtout ce qu'elles ont de parfaitement avouable et de vraiment chrétien, sont devenues, à cette heure, tout à fait
prédominantes, on pourrait dire *indomptables* en face
de pareils préjugés ; à ce point que les niais qui auraient
le cœur de s'en prévaloir ou d'en faire montre et parade,
ne seraient pas même pris au sérieux et tomberaient tout
bonnement dans le ridicule.

Oui, plus le christianisme aura pénétré le monde, et
plus il sera vrai de dire que toute aristocratie, toute hié-
rarchie sociale, — en dehors des pouvoirs publics, dont
la loi elle-même fixera toujours et la place et le rang, —
ne repose plus désormais que sur le VRAI MÉRITE, moralité
parfaite, intelligence et savoir, mis au service de toutes
les bonnes et saintes causes.

Telle est, du reste, et telle a toujours été, sur ce point,
la pensée du Roi ; voyez, entre tant d'autres, son manifeste du 8 mai 1871 : « … On dit que la monarchie tradi-
« tionnelle est incompatible avec l'égalité de tous devant
« la loi. Répétez bien que je n'ignore pas à ce point les
« leçons de l'histoire et les conditions de la vie des peu-
« ples. Comment tolérerai-je des priviléges pour d'au-
« tres, moi qui ne demande que celui de consacrer tous
« les instants de ma vie à la sécurité et au bonheur de la
« France, et d'être toujours à la peine, avant d'être, avec
« elle, à l'honneur ?... »

Dans un autre manifeste du mois de décembre 1850,
il disait : « … Si la Providence m'appelle à régner, je ne
« serai pas le roi d'une seule classe, mais le roi, ou
« plutôt, le père de tous. Partout et toujours, je me suis
« montré accessible à tous les Français, sans distinction
« de classes et de conditions ; — je les ai tous vus, tous
« écoutés, tous admis à se presser autour de moi... Com-

« ment, après cela, pourrait-on encore me soupçonner de
« ne vouloir être que le roi d'une caste privilégiée ?... »

Non, jamais prince ne fut mieux de son temps, non,
jamais homme d'Etat ne posséda, à un plus haut degré,
les éminentes qualités nécessaires pour sauver et relever
une nation aux abois ! Vous le savez bien.

Il nous paraît pourtant fort aisé de comprendre que, au
point de vue civil et politique, les membres du clergé
sont et doivent demeurer sur le pied *de la plus complète
égalité* avec tous autres citoyens; comment et pourquoi
en serait-il autrement ?... Voudrait-on mettre le sacer-
doce hors la loi, et lui refuser sa place au grand soleil de
la liberté ?... Laissez donc, sans aucune sorte de mauvaise
entrave, briller ce beau soleil, et ses rayons, n'en doutez
pas, suffiront toujours amplement à dissiper les ombres
de tous semblables préjugés et à rendre désormais impos-
sible le passage d'aucun abus vraiment grave. Comptez-
vous pour rien, d'ailleurs, ce qu'on appelle la discipline
ecclésiastique, ainsi que cette grande et inaltérable Au-
torité d'où elle émane et qui est, grâce à Dieu, à cette
heure de troubles si profonds dans l'ordre moral, le der-
nier et imprenable refuge du droit et de la vérité ?

Au nom du Ciel, une fois pour toutes, osez regarder
en face et de près l'effrayant fantôme, et la peur vous
passera !

VIII

Arrière donc de pareilles objections ! De tels prétextes
sont misérables et peu dignes, — tant ils sont évidem-
ment passionnés ! — de gens qui se respectent !

Hommes du Centre droit, — la plupart de si grande valeur individuelle, — gardez-vous donc de vous en prévaloir, et décidez-vous enfin à renvoyer cette vieille et hideuse concubine du peuple français, nommée la *Révolution*, qui, depuis plus de quatre-vingts ans, pille, ruine et déshonore la maison !

Ne dites point : « Attendons encore un peu, — cinq ou « six ans, par exemple ! — » ; car, bien loin de s'améliorer, dans ce temps, la situation de ferait que s'aggraver de jour en jour davantage, jusqu'à la ruine ou dissolution finale, qui n'attendrait pas même un pareil terme ; car, encore une fois, cette ruine et cette dissolution finales sont là, qui vous menacent et vous pressent, sous le nom d'*Empire*. Vous ne sauriez l'ignorer !! Oh ! ne dites point cela, car votre conscience serait soulevée, — car vous savez bien que tout mal qu'on ne guérit point ne fait qu'empirer, par le laps de temps :

Serò medicina paratur
Cum mala per longas invaluére moras.

Or, il vous est démontré que cette situation où nous sommes n'est et ne peut plus être que l'obstination, trèsconsciente et de plus en plus coupable, *dans la voie révolutionnaire*, c'est-à-dire *dans la voie du mal.*

IX

Mais si, — ce qu'on n'ose penser encore, — il n'y avait plus rien à espérer de ce côté, — si déjà le froid de la mort avait saisi tous ces hommes, qu'on avait pourtant bien le droit et le devoir de croire uniquement dévoués au salut de la patrie, il faudrait tendre nos mains suppliantes vers le Maréchal de Mac-Mahon et le conjurer, à genoux, de ne point oublier les impressions et les sentiments si dignes, si patriotiques, si éminemment français, qui l'ont élevé au pouvoir le 24 mai !... Il faudrait le supplier de se souvenir que la France, la vrai France, n'a vu en lui, ce jour-là, que le précurseur et le lieutenant-général du Roi : pensée devenue si manifeste, si évidente au mois d'octobre suivant !!! Il faut que, des hautes lumières de sa raison et de sa chevaleresque droiture, l'illustre guerrier éclaire la nuit qui s'est faite, depuis lors, dans les consciences de certains hommes d'Etat ! — Il faut qu'il se dise bien et qu'il demeure profondément convaincu, au fond de son noble cœur, qu'aucune erreur, qu'aucune faute, qu'aucune surprise n'a pu, — pas plus le 20 novembre que le 24 mai, — dénaturer sa sublime mission !!!

Alors, que pour alléger le poids de l'effrayante responsabilité qui lui incombe, — réduit qu'il est à opérer seul le salut de la patrie, — il ne craigne point de s'adresser à la nation elle-même, dans ses comices ; que, sans retard, il lui demande de répondre, par OUI ou par NON, si elle pense que le moment soit venu de rentrer dans sa *voie droite*, dans son vrai *droit national*, — c'est-à-dire dans la Constitution que, sur l'initiative royale, les Etats-généraux de 1789 ont UNANIMEMENT constatée, reconnue et proclamée, lors du dépouillement des cahiers.

A cette question, — posée loyalement, sincèrement et venue de si haut, — le peuple français, si essentiellement et si naturellement autoritaire qu'il serait capable de se donner même à l'Empire, faute de mieux !!! le peuple, qui, au fond de ses entrailles, a *faim et soif* d'un gouvernement stable et définitif, autant que moral et digne, —

le peuple, qui a l'instinct de ce qui est nécessaire à sa vie et à son honneur, répondra, — soyez-en sûr, — par une immense acclamation !

Et cette affirmation solennelle du vrai *droit national*, trop longtemps méconnu, mettra tout le monde à sa place : la France, dans la voie de sa grandeur et de sa prospérité, — et Celui qui, avec l'aide de Dieu, l'aura ainsi retirée de l'abîme, aux sommets les plus élevés et les plus sereins de la renommée et de l'histoire.

Am. P.

Mazan, 21 janvier 1875.

P. S.— 21 Janvier ! —jour anniversaire de l'épouvantable parricide, dont nous serons tous solidaires, — ceux qui nous gouvernent surtout, — tant que nous ne serons point revenus à notre vrai *droit national*, — à cette *voie droite*, que nous avons si criminellement abandonnée !... Il dépend absolument du Maréchal de Mac-Mahon de nous y remettre : il n'a qu'à le vouloir, et c'est pourquoi sa responsabilité serait si formidable au cas où la France viendrait à périr, faute de cet acte de sa volonté, SUR CE POINT TOUTE-PUISSANTE !

CARPENTRAS. — IMPRIMERIE P. PRIÈRE.